LOOMEN MIT

QUICK ➡ ➡ ➡ STRICK

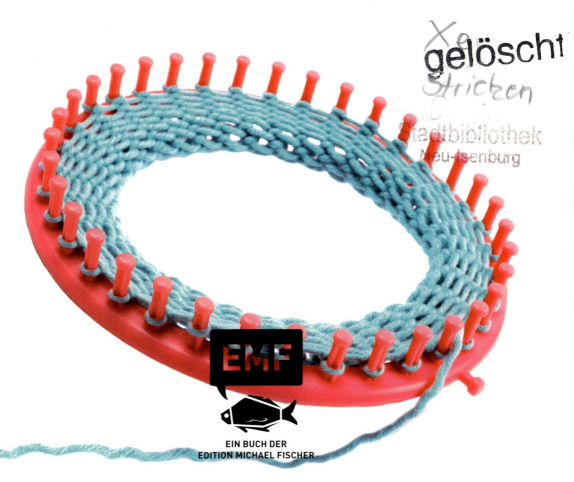

EIN BUCH DER
EDITION MICHAEL FISCHER

INHALTSVERZEICHNIS

GRUNDLAGEN

Loomen – Der Anfang	4
Die 1. Runde im Loomring	4
Maschen bilden (abmaschen) in Runden & Reihen	5
Die linke Masche	5
Das Perlmuster beim Loomen	6
Die Randmasche beim Loomen in Reihen	7
Der Farbwechsel beim Loomen	8
Der Loombund	8
Maschen auffädeln (mit der Loomnadel)	9
Elastisches Abketten der Maschen	9
Normales Abketten der Maschen	10
Haare oder Fransen anknüpfen	11
Bommel herstellen	12

TIPPS & TRICKS

Wie führe ich am Rand die Fäden mit?	13
Wie mache ich einen Rückstich?	14
Wie zähle ich Runden/ Reihen beim Loomen?	15
Woran erkenne ich die rechte und linke Maschenseite beim Loomen in Reihen und in Runden?	16
Wie vernähe **ich Fäden**?	17
Wie bringe ic**h das Label** an?	17

PROJEKTE

Almeria	20
Arona	24
Barcelona	28
Elda	31
Estepona	34
Girona	38
Granada	42
Lugo	45
Oviedo	49
Rubi	52
Torrent	57
Zamora	60

HINWEISE

In allen Anleitungen in diesem Buch wird F als Abkürzung für Farbe verwendet!

Tipps und Tricks, die dir auch helfen können, findest du mit ausführlichen Erklärungen, Videos und Bildern auf unserer Internetseite www.myboshi.net!

Den myboshi Loomring und weiteres Zubehör findest du unter www.myboshi.net oder im Fachhandel.

VORWORT

Du möchtest einmal etwas Neues ausprobieren, das nichts mit Häkeln oder Stricken zu tun hat und super leicht zu verstehen ist? Dann probiere es einfach mal mit Loomen. Der Begriff Loomen kommt aus dem Englischen und bedeutet so viel wie „in der Runde stricken".

Das Prinzip ist ganz simpel: Du wickelst den Faden um so viele Zapfen des myboshi Loomrings, wie für dein Projekt nötig und hebst mit dem Loomhaken die untere Schlaufe über die obere. So bilden sich neue Maschen. Dein Handarbeitsmodell wächst Runde für Runde.

In diesem Buch zeigen wir dir, was man alles mit unserem Loomring machen kann. Für den Einstieg eignen sich Mützen super! Einfach in Runden die Maschen über die Zapfen heben, gelegentlich die Farbe wechseln und am Schluss noch einen Bommel als Verzierung auf die Mütze setzen! Fertig ist dein erstes selbst geloomtes Lieblingsteil.

Auch wenn du noch nie einen Strickring in der Hand hattest – wir zeigen und erklären dir auf unseren Grundanleitungsseiten mit ausführlichen Grafiken und Videos, wie es funktioniert.

Wir wünschen dir viel Spaß beim Faden um die Zapfen wickeln und Schlingen über Zapfen heben und vor allem viel Freude mit deinen selbst gemachten Loommodellen!

DANKE

Ein herzliches Dankeschön geht an das Team von myboshi, das der Designabteilung mit ihren Meinungen, Anregungen und Kritik bei der Gestaltung der einzelnen Modelle zur Seite stand.

Wir möchten unseren Designerinnen Sarah und Tanja für die vielfältigen Ideen, die nur so sprudelten, danken.

Außerdem sagen wir auch noch „Danke" an unsere Häklerinnen Edda und Susanne, die sich intensiv mit dem neuen Thema Loomen befasst haben und auch die Anleitungen mit einem kritischen Auge und Verstand geprüft haben.

Und zu guter Letzt danken wir dir, lieber myboshi Fan, dass du auf den Geschmack des Loomens gekommen bist und fleißig Modelle nachgearbeitet hast!

GRUNDLAGEN

LOOMEN – DER ANFANG

1

2
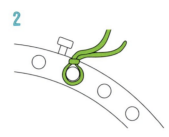

3
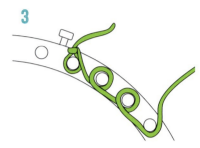

1. Eine Anfangsschlinge bilden.

Tipp: Den Loomring ggf. mit Nummern beschriften, d. h. auf die Zapfenköpfe die Zahlen 1–36 mit einem wasserfesten Stift schreiben (im Uhrzeigersinn). Der Anfang ist mit einem seitlich am Ring befestigten kleineren Zapfen klar gekennzeichnet. Von dort aus arbeitet man im Uhrzeigersinn um den Ring herum.

2. Die Anfangsschlinge um den 1. Zapfen legen und mithilfe der Schlinge fixieren.

3. Nun jeden Zapfen mit dem Faden umwickeln, indem man den Faden von hinten (Ringinnenseite) nach vorne (Ringaußenseite) um den Zapfen legt. Dabei den Faden leicht spannen.

DIE 1. RUNDE IM LOOMRING

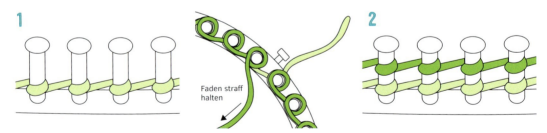

Faden straff halten

1. Nun, beginnend mit dem nächsten Zapfen, jeden Zapfen mit dem Faden umwickeln, indem man den Faden von hinten (Ringinnenseite) nach vorne (Ringaußenseite) um den Zapfen legt. Dabei auf die Spannung des Fadens achten. Den Vorgang so lange wiederholen, bis alle benötigten Zapfen umwickelt sind, und dabei immer den Faden gut festhalten. Denn sobald man den Faden loslässt, wickelt sich der Faden vom Zapfen ab.

2. Anschließend noch einmal jeden Zapfen umwickeln, bis 2 Schlingen auf einem Zapfen liegen. Dabei darauf achten, dass die neuen Schlingen über den alten liegen. Gegebenenfalls die ersten Schlingen etwas nach unten schieben. Auch diesmal den Faden mit einer gewissen Spannung festhalten.

MASCHEN BILDEN (ABMASCHEN) IN RUNDEN & REIHEN

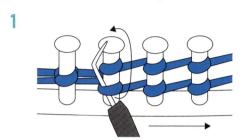

1. Zu sehen sind jeweils 2 Schlingen auf einem Zapfen. Nun mit dem Loomhaken in die Einkerbung der Zapfen stechen und die untere Schlinge über die obere Schlinge und den Zapfen heben. Die 1. Masche ist entstanden.

Tipp: Am besten mit dem Abmaschen der Schlingen beim letzten Zapfen beginnen. Dadurch ist der Faden fixiert und man muss ihn nicht kontinuierlich festhalten.

2. Alle Schlingen sind abgemascht. Auf jedem Zapfen befindet sich wieder 1 Schlinge. Diese Schlinge nun nach unten schieben und die nächsten Schlingen um die Zapfen wickeln.

DIE LINKE MASCHE

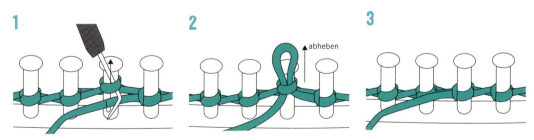

1. Um die linke Masche zu bilden, den Faden vor den Zapfen und unter die bestehende Schlinge legen. Nun mit dem Loomhaken von oben durch die Schlinge, die auf dem Zapfen liegt, stechen. Den Faden von unten nach oben holen und somit 1 neue Schlinge bilden.

2. Die neue Schlinge vom Loomhaken nehmen, etwas größer ziehen und gut festhalten. Die alte Schlinge einfach vom Zapfen nehmen …

3. … und die neue Schlinge über den Zapfen ziehen. Vorgang für alle benötigten Zapfen wiederholen.

DAS PERLMUSTER BEIM LOOMEN

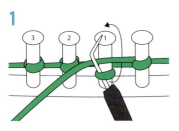
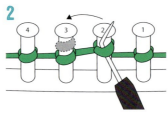
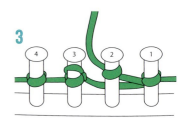

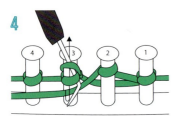
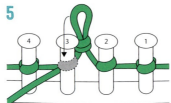

Aufgepasst! Das Muster wiederholt sich nach 5 Zapfen.

1. Den Arbeitsfaden nach vorne vor den 1. Zapfen legen. Dabei darauf achten, dass der Faden **über** der Schlinge liegt. Die untere Schlinge über den Arbeitsfaden und den 1. Zapfen heben und somit abmaschen. Der Arbeitsfaden bleibt bei dieser Masche hängen.

2. Die Schlinge des 2. Zapfens auf den 3. Zapfen heben. So entsteht 1 leerer Zapfen ohne Schlinge und 1 Zapfen danach mit 2 Schlingen.

3. Nun mit dem Arbeitsfaden zuerst den leeren 2. Zapfen umwickeln (von links vorne am Zapfen vorbei nach rechts) und 1 neue Schlinge bilden.

4. Anschließend den Arbeitsfaden vorne **unter** die beiden Schlingen des 3. Zapfens legen. Es liegen jetzt 3 Schlingen auf dem Zapfen. Nun mit dem Loomhaken von oben durch die ersten beiden Schlingen, die auf dem Zapfen liegen, stechen und den Arbeitsfaden von unten nach oben holen. Somit ist 1 neue Schlinge entstanden.

5. Die neue Schlinge vom Loomhaken nehmen, etwas größer ziehen und gut festhalten. Die alten Schlingen einfach vom Zapfen nehmen und die neue Schlinge über denselben Zapfen ziehen.

Aufgepasst! Die entstandenen Schlingen des 2. + 3. Zapfens im Nachgang mit dem Loomhaken lockern! Ansonsten können diese in der nächsten Runde zu fest sein.

Jetzt wie in Grafik 1: Den Arbeitsfaden nach **vorne** vor den 4. Zapfen und über die vorhandene Schlinge legen. Die Schlinge über den Arbeitsfaden und den 4. Zapfen heben und abmaschen. Den Vorgang am 5. Zapfen noch einmal wiederholen. Schritt 1–5 fortan wiederholen. Die Maschen werden in der Schnecke gebildet und zeigen ein spiralförmiges Maschenbild.

DIE RANDMASCHE BEIM LOOMEN IN REIHEN

1
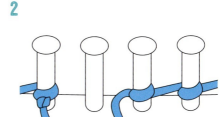

2

3
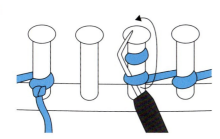

4
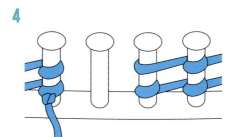

1. Reihen werden gebildet, indem man die Zapfen im Uhrzeigersinn vom 1. bis zu einem genau bestimmten Zapfen wickelt.

Der 1. und der letzte benötigte Zapfen wird immer zweimal abgemascht. So entstehen die Randmaschen.

2. In der Hinreihe den Vorgang so lange wiederholen, bis alle benötigten Zapfen umwickelt sind, und den Faden stets gut festhalten.

3. Jetzt erfolgt die Rückreihe gegen den Uhrzeigersinn. Dazu zunächst den letzten Zapfen noch einmal umwickeln und diesen abmaschen (Randmasche).

4. Den letzten Zapfen erneut umwickeln und zur Fixierung des Fadens abmaschen. Anschließend alle anderen Zapfen mit dem Faden umwickeln und ebenfalls abmaschen.

Ab der 2. Reihe beginnt man mit dem Umwickeln immer beim 2. Zapfen bis zum letzten benötigten Zapfen.

DER FARBWECHSEL BEIM LOOMEN

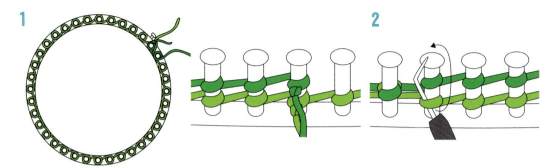

1. Bei einem Farbwechsel die nächste Runde/Reihe mit der neuen Farbe beginnen. Dazu mit der neuen Farbe 1 Anfangsschlinge bilden und über den 1. Zapfen legen.

2. Jetzt die Maschen bilden. Dazu mit dem Loomhaken die alte Schlinge über die neue Schlinge heben. Am Ende liegen nur noch die Schlingen der neuen Farbe auf den Zapfen.

DER LOOMBUND

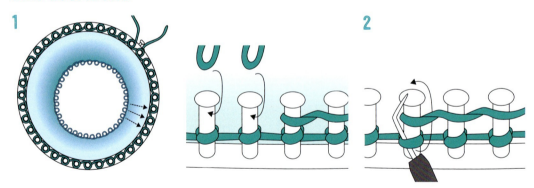

1. Damit der Loombund entstehen kann, die Schlingen der 1. Runde durch das Ringinnere auf den Loomring ziehen. Wichtig dabei ist, dass sich das Geloomte immer im Ringinneren befindet. Die Maschen der 1. Runde über die benötigten Zapfen legen, sodass sich am Ende immer 2 Schlingen auf einem Zapfen befinden.

Aufgepasst! Beim Loomen in Reihen die Randmasche der 1. Reihe über den 1. Zapfen (Randmasche) legen.

2. Die Schlingen wie gewohnt abmaschen, dabei die untere über die obere Schlinge heben.

MASCHEN AUFFÄDELN (MIT DER LOOMNADEL)

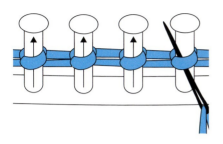

Den Arbeitsfaden nach ca. 40 cm abschneiden und durch die myboshi Loomnadel fädeln. Anschließend mit der Loomnadel von unten zuerst in die letzte entstandene Schlinge stechen, wo auch der Faden hängt. Die Schlinge über den Zapfen heben. Die 1. Masche ist aufgefädelt. Anschließend den Vorgang für alle verwendeten Zapfen wiederholen. Sobald alle Schlingen auf der Nadel bzw. dem Faden liegen, die Angaben in der jeweiligen Anleitung beachten.

ELASTISCHES ABKETTEN DER MASCHEN

1

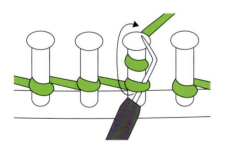

2

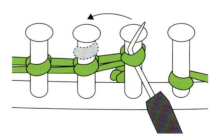

1. Auf jedem Zapfen liegt 1 Schlinge. Beginn beim 1. Zapfen: Diesen mit dem Arbeitsfaden einmal umwickeln und abmaschen. Den Vorgang, Zapfen umwickeln und abmaschen, je nach Anleitung wiederholen und die angegebene Anzahl an Luftmaschen bilden.

2. Die Schlinge auf den nächsten Zapfen heben, abmaschen und die angegebene Anzahl an Luftmaschen bilden. Bis zum vorletzten Zapfen wiederholen. Den Arbeitsfaden nach ca. 15 cm abschneiden und durch die letzte Schlinge ziehen.

NORMALES ABKETTEN DER MASCHEN

1

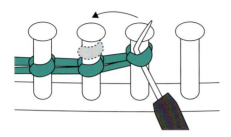

2

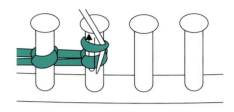

3

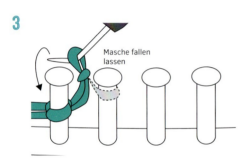

Masche fallen lassen

Aufgepasst! Der Endfaden liegt immer auf der anderen Seite der 1. abgeketteten Masche!

1. Die Maschen können von rechts nach links oder von links nach rechts abgekettet werden. Dazu mit dem Loomhaken die Schlinge des 1. Zapfens auf den 2. Zapfen heben.

2. Mit dem Loomhaken die unten liegende Masche durch die obere Masche nach oben über den Zapfen ziehen …

Aufgepasst! Die Schlinge bleibt auf dem Loomhaken.

3. … und die nach oben geholte Masche mithilfe des Loomhakens auf den 3. Zapfen setzen. Auf diesem liegen wieder 2 Schlingen.

Die noch übrig gebliebene Masche des vorherigen Zapfens einfach fallen lassen. Im Anschluss Schritt 2 wiederholen bis nur noch 1 Schlinge übrig ist. Den Endfaden mit der Vernähnadel durch die letzte Schlinge ziehen, fixieren und gut vernähen.

HAARE ODER FRANSEN ANKNÜPFEN

1

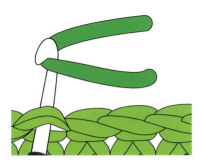

2

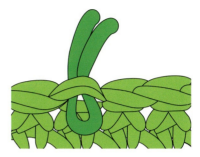

3

4

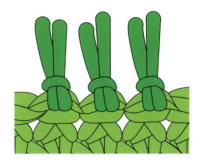

1. Den Faden in der Mitte halbieren und an der gewünschten Stelle mit der Häkelnadel durch beide Maschenschlingen stechen.

2. Mit der Häkelnadel die so entstandene Schlaufe durch die Maschenschlinge ziehen.

3. Anschließend mit der Häkelnadel in die Schlaufe stechen, die Enden des Fadens durch die Schlaufe holen und festziehen.

4. Den Vorgang sooft wie gewünscht wiederholen.

Tipp: Die Haare oder Fransen können auch mit mehreren Fäden und unterschiedlichen Wollqualitäten gleichzeitig angeknüpft werden.

BOMMEL HERSTELLEN

1. Mit einer Schere aus einem Stück Pappe 2 Kreise mit einem Durchmesser von 6 cm ausschneiden. Anschließend in die Mitte beider Kreise ein Loch mit 2,5 cm Durchmesser schneiden und beide Kreise aufeinanderlegen.

2. Nun einen ca. 2 m langen Faden auf eine Stick-/ Vernähnadel fädeln und von unten durch die Mitte der Kreise stechen. Den Vorgang fortan wiederholen, bis man mit der Nadel kaum mehr durch das Loch in der Mitte kommt.

3. Jetzt die Wolle am Rand der Pappkreise auseinanderschneiden.

Einen 50 cm langen Baumwollfaden zur Hand nehmen, zwischen den beiden Pappkreisen festziehen und einen Doppelknoten machen. Die Pappkreise an der Seite etwas aufschneiden und vom Bommel ziehen.

4. Zum Schluss kann der Bommel noch etwas frisiert und an der Boshi festgeknotet werden.

TIPPS UND TRICKS

WIE FÜHRE ICH AM RAND DIE FÄDEN MIT?

Es liegen 2 Schlingen auf dem Zapfen, 1 Schlinge in der **alten** Farbe und 1 Schlinge in der **neuen** Farbe.

Jetzt 1 Randmasche mit **allen** Fäden bilden.

Die neue Reihe mit der neuen Farbe beginnen. Alle benötigten Zapfen mit dem neuen Faden umwickeln und abmaschen.

Alle weiteren Randmaschen mit **allen** Fäden bilden und so den nicht benutzten Faden am Rand mitführen.

WIE MACHE ICH EINEN RÜCKSTICH?

Mit der Nadel von unten nach oben durch die Maschen/den Stoff stechen.

Jetzt rechts von der 1. Einstichstelle mit der Nadel von oben nach unten einstechen und den 1. Stich bilden. Die Länge des Stichs ist frei wählbar und variabel.

Die Nadel mit dem Faden auf der Rückseite der Maschen/des Stoffs nach links führen und links neben der 1. Einstichstelle von unten nach oben einstechen. Der Abstand der beiden Einstichstellen ist gleich.

Um den nächsten Stich zu bilden, mit der Nadel von oben nach unten in die 1. Einstichstelle des 1. Stichs stechen und den Faden durchziehen.

Die Nadel mit dem Faden auf der Rückseite der Maschen/des Stoffs erneut nach links führen und im gleichen Abstand der vorherigen Stiche rechts von unten nach oben einstechen.

Um den nächsten Stich zu bilden, erneut mit der Nadel von oben nach unten in die 1. Einstichstelle des letzten Stichs stechen und den Faden durchziehen. Für alle weiteren Stiche den Vorgang der Schritte 5–6 beliebig oft wiederholen.

WIE ZÄHLE ICH RUNDEN/REIHEN BEIM LOOMEN?

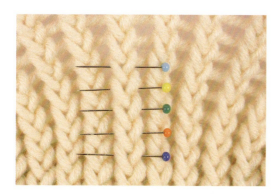

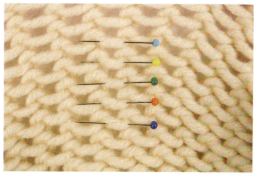

Hier sieht man die rechte Maschenseite und zählt einfach die Maschenköpfe.

Auf der Rückseite oder linken Maschenseite zählst du die „Halbbögen". Das sind die sogenannten Stege der Maschen.

WORAN ERKENNE ICH DIE RECHTE UND LINKE MASCHENSEITE BEIM LOOMEN IN REIHEN...

Rechte Maschenseite mit Maschenköpfen. In Hin- und Rückreihen geloomt entstehen leicht verkreuzte rechte Maschen.

Linke Maschenseite mit Maschenstegen (wellenartiges Maschenbild).

...UND IN RUNDEN?

Rechte Maschenseite mit Maschenköpfen. In Runden geloomt entsteht ein gleichmäßiges Maschenbild.

Linke Maschenseite mit Maschenstegen (wellenartiges Maschenbild).

WIE VERNÄHE ICH FÄDEN?

Von unten mit der Vernähnadel durch die Maschenstege fädeln und den Faden durchziehen.

Anschließend mit der Nadel in die Gegenrichtung wieder durch die Maschenstege stechen und den Faden durchziehen.

WIE BRINGE ICH DAS LABEL AN?

Das myboshi Selfmade-Label auflegen, dann vorsichtig mit etwas Druck möglichst nur das Label aufbügeln. Bei 120 °C, ohne Dampf ca. 8–10 Sek. Bitte ein Tuch dazwischen legen oder einfach aufnähen.

Bei www.myboshi.net findest du ein ausführliches Video dazu.

Erneut wieder in die Gegenrichtung stehen. Ein Rückstich ist entstanden.

PROJEKTE

F1 195 anthrazit
F2 139 himbeere

Skills

ALMERIA

Eine Clutch ist der Star unter den Taschen und derzeit auf allen Laufstegen zu sehen: Wir haben uns inspirieren lassen und eine geloomte Variante dieses Accessoires kreiert.

WICHTIGES AUF EINEN BLICK:

ZUBEHÖR:

myboshi Loomring,
myboshi Loomhaken,
myboshi Loomnadel,
Stick-/Vernähnadel

MATERIAL:

myboshi Wolle No. 1,
1 Knopf, Ø ca. 1,5 cm

VERBRAUCH:

No. 1 (F1 100 g, F2 20 g)

MASCHENPROBE:

10 x 10 cm = 9 Zapfen x 7 Reihen mit doppeltem Faden

GRÖSSE:

Breite ca. 26 cm, Höhe ca. 15 cm

ARBEITSZEIT:

ca. 3,5 h

F1 154 petrol
F2 115 avocado
F1 128 palme
F2 171 beige

TECHNIKEN, DIE DU BRAUCHST:

Die Clutch Almeria wird mit einem Loomring und doppeltem Faden (= 2-fädig) in Reihen geloomt. Zu Beginn entsteht ein Loombund mit einfachem Faden. Am Ende wird ein geflochtener Zopf als Tragegurt gearbeitet und an der Clutch befestigt. Als Verschluss dient ein vorhandener Knopf.

- Loomen – Der Anfang
- Loomen in Reihen
- Maschen bilden (abmaschen) in Runden & Reihen
- Die Randmasche beim Loomen in Reihen
- Der Loombund
- Normales Abketten der Maschen

TIPP

Wenn du mit unserer hochwertigen Wollqualität myboshi No. 3 (100 % Merinowolle) arbeiten möchtest, brauchst du aufgrund der kürzeren Lauflänge mehr Wolle. Verbrauch No. 3 (F1 150 g, F2 30 g)

STARTE JETZT MIT DEINEM PROJEKT:

Die Clutch in Reihen bis zum 25. Zapfen arbeiten.
Mit F1 und **einfachem Faden** die Anfangsschlinge um den 1. Zapfen bilden.

Farbe	Reihe	Beschreibung	Maschen pro Reihe
F1	1. Reihe	**Aufgepasst!** Die Randmaschen nicht vergessen! Nach der Anfangsschlinge noch 24 Zapfen mit **einfachem Faden** umwickeln, anschließend um die 25 verwendeten Zapfen noch 1 weitere Schlinge wickeln und abmaschen.	25
F1	11 Reihen	Jeden benötigten Zapfen mit **einfachem Faden** umwickeln und abmaschen.	25
F1	ca. 40 Reihen	**Aufgepasst!** Jetzt einen Loombund als Rand der Verschlussklappe bilden. Den 2. Faden von F1 (2. Knäuel) dazu nehmen und mit **doppeltem Faden** weiterarbeiten. Ist der Faden vom 1. Knäuel zu Ende, einfach das Fadenende des 2. Knäuels mit dazu nehmen und weiter loomen, bis F1 komplett aufgebraucht ist. Jeden benötigten Zapfen mit **doppeltem Faden** umwickeln und abmaschen. Ende der Clutch: Alle Maschen normal abketten und den Faden nach ca. 15 cm abschneiden.	25

Tragegurt:
Für den Tragegurt 3 Stränge zu einem Zopf flechten. Ein Strang besteht aus 3 Fäden. Dazu 9 ca. 2 m lange Fäden von F2 abschneiden, zusammenknoten und flechten.

FERTIGSTELLUNG:

Die übrigen Fäden mit der Vernähnadel gut vernähen. Die Fläche so vor sich hinlegen, dass die linke Maschenseite oben liegt und der Verschluss (Loombund) nach links zeigt. Die rechte Seite ca. 10 cm nach links umklappen. Für die Verschlussklappe (Fläche mit Loombund) sollten noch ca. 8 cm übrig bleiben. Mit der Vernähnadel und einem Faden von F2 die zusammengeklappten, aufeinanderliegenden Flächen an beiden Seiten mit dem **Diagonalstich** (siehe Seite 48) zusammennähen. Die Naht liegt als Ziernaht außen. Am Ende den Tragegurt auf der Innenseite rechts und links und den Knopf an der gewünschten Stelle der Außenseite an der Clutch befestigen. Fertig!

Hast du keinen Knopf zur Hand? Dann kannst du als Verschluss auch einen Knubbel aus 5 oben zusammengehäkelten einfachen Stäbchen mit der myboshi Häkelnadel 6,0 mm herstellen. Dazu mit F2 3 Luftmaschen anschlagen. Einen Umschlag machen und in die 1. Luftmasche einstechen. Dann den Faden holen, erneut den Arbeitsfaden durchholen und durch die ersten beiden Schlingen ziehen. Das Ganze (= 1 Umschlag machen, Faden holen, Arbeitsfaden erneut holen und immer durch die ersten beiden Schlingen, die auf der Nadel liegen, ziehen) noch viermal wiederholen, bis 6 Schlingen auf der Nadel liegen. Erneut 1 Umschlag machen, den Arbeitsfaden holen und durch alle Schlingen ziehen. Anschließend 1 Luftmasche häkeln, den Faden nach ca. 10 cm abschneiden und durch die Luftmasche ziehen.

ARONA

Unser schickes und schlichtes Stirnband Arona – eine Abwechslung zur gewöhnlichen Kopfbedeckung namens Mütze oder Boshi. Mit doppeltem Faden geloomt, wirkt das Stirnband robust und schützt deine Ohren gut vor kaltem Wind. Durch die beiden gedrehten Einzelteile erhält das Stirnband das gewisse Etwas.

WICHTIGES AUF EINEN BLICK:

ZUBEHÖR:
myboshi Loomring,
myboshi Loomhaken,
myboshi Loomnadel,
Stick-/Vernähnadel

MATERIAL:
myboshi Wolle No. 1

VERBRAUCH:
No. 1 (F1 70 g)

MASCHENPROBE:
10 x 10 cm = 9 Zapfen x 7 Reihen mit doppeltem Faden

KOPFUMFANG:
Einheitsgröße S/M (47–56 cm)

ARBEITSZEIT:
ca. 3 h

F1 192 elfenbein

TECHNIKEN, DIE DU BRAUCHST:

Das Stirnband Arona wird mit einem Loomring und doppeltem Faden (= 2-fädig) in Reihen geloomt. Um das Rippenmuster zu erhalten, wechseln sich normale Maschen und linke Maschen ab. Am Ende werden die beiden kurzen Kanten miteinander verbunden und zu einem Stirnband zusammengeloomt.

- Loomen – Der Anfang
- Loomen in Reihen
- Maschen bilden (abmaschen) in Runden & Reihen
- Linke Maschen
- Die Randmasche beim Loomen in Reihen
- Normales Abketten der Maschen

TIPP

Wenn du mit unserer hochwertigen Wollqualität myboshi No. 3 (100 % Merinowolle) arbeiten möchtest, brauchst du aufgrund der kürzeren Lauflänge mehr Wolle. Verbrauch No. 3 (F1 105 g)

STARTE JETZT MIT DEINEM PROJEKT:

Das Stirnband in Reihen bis zum 11. Zapfen arbeiten. Die Maschen werden **nacheinander und einzeln** gebildet.
Mit **doppeltem Faden** von F1 (= 2-fädig) die Anfangsschlinge um den 1. Zapfen bilden.

Farbe	Reihe	Beschreibung	Maschen pro Reihe
F1	1. Reihe	**Aufgepasst!** Die Randmaschen nicht vergessen! Nach der Anfangsschlinge noch 10 Zapfen umwickeln, anschließend um die 11 verwendeten Zapfen abwechselnd 1 normale Masche und im Anschluss 1 linke Masche bilden. Die Maschen werden dabei **einzeln** je Maschenart gebildet. **Aufgepasst!** Damit die Rippenoptik entsteht, wechseln sich 1 normale Masche und 1 linke Masche nach jeder Masche ab. Linke Maschen über linken Maschen und normale Maschen über normalen Maschen bilden.	11
F1	26 Reihen oder 21 cm	Um jeden benötigten Zapfen abwechselnd 1 normale Masche und 1 linke Maschen bilden. **Aufgepasst!** Das Stirnband wird nun zweigeteilt. Zuerst wird die linke Seite geloomt. Bei beiden Seiten werden nur noch 5 Maschen verwendet. Dazu die Schlaufe vom 6. Zapfen mithilfe des Loomhakens abnehmen, nach rechts auf den 7. Zapfen legen (dort befinden sich nun 2 Schlaufen) und diese abmaschen.	11
F1	12 Reihen	**Linke Seite:** Um jeden benötigten Zapfen von 11–7 abwechselnd 1 normale Masche und 1 linke Masche bilden. **Aufgepasst!** Zur linken Seite: Am Ende der Reihen die Fäden nach ca. 15 cm abschneiden und hängen lassen. Für die rechte Seite die Fäden neu ansetzen und die rechte Seite loomen.	5
F1	12 Reihen	**Rechte Seite:** Eine Anfangsschlinge um den 5. Zapfen legen, anschließend um jeden benötigten Zapfen von 5–1 abwechselnd 1 normale Masche und 1 linke Masche bilden. Am Ende der letzten Reihe liegt der Faden links. **Aufgepasst!** Die rechte und die linke Seite werden nun einmal gekreuzt. Dazu die Arbeitsfäden hängen lassen, mit einem Faden Restwolle und der Loomnadel die Maschen vom 1.–5. Zapfen auf die Nadel bzw. den Faden fädeln, den 12. Zapfen freilassen und die Maschen über die linke Seite auf den 13.–17. Zapfen heben. Dabei darauf achten, dass die rechte Seite nicht in sich gedreht wird. Die Arbeitsfäden liegen jetzt auf der linken Seite.	5

Farbe	Reihe	Beschreibung	Maschen pro Reihe
F1	1 Reihe	Um jeden benötigten Zapfen 7–17 abwechselnd 1 normale Masche und 1 linke Masche bilden. Den frei gelassenen 12. Zapfen dabei zweimal umwickeln und somit die Lücke schließen.	11
F1	25 Reihen oder 21 cm	Um jeden benötigten Zapfen abwechselnd 1 normale Masche und 1 linke Masche bilden.	11
F1	letzte Reihe	Nun die Schlaufen der 1. Reihe auf die Zapfen legen, sodass jeweils 2 Schlaufen auf einem Zapfen liegen und abmaschen. **Ende des Stirnbands:** Alle Maschen normal abketten und die Fäden nach ca. 15 cm abschneiden.	11

FERTIGSTELLUNG:

Alle Fäden gut vernähen. Fertig!

F1 157 blaubeere
F2 161 candy purpur

BARCELONA

Es muss nicht immer „quer" sein. Unsere schicke Boshi Barcelona ist der beste Beweis – sie überzeugt durch ihre vielen Längsstreifen, die eine interessante Zweifarbigkeit ergeben.

WICHTIGES AUF EINEN BLICK:

ZUBEHÖR:
myboshi Loomring,
myboshi Loomhaken,
myboshi Loomnadel,
Stick-/Vernähnadel

MATERIAL:
myboshi Wolle No. 1

VERBRAUCH:
No. 1 (F1 60 g, F2 35 g)

MASCHENPROBE:
10 x 10 cm = 10 Zapfen x 16 Reihen

KOPFUMFANG:
Einheitsgröße S/M (47–56 cm)

ARBEITSZEIT:
ca. 3,5 h

F1 176 muskat
F2 112 senf

TECHNIKEN, DIE DU BRAUCHST:

Die Mütze Barcelona wird mit einem Loomring in Runden geloomt.
Ein unifarbener Bund ziert die sonst bunte Boshi.

- Loomen – Der Anfang
- Die 1. Runde im Loomring
- Maschen bilden (abmaschen) in Runden & Reihen
- Maschen auffädeln mit der Loomnadel

TIPP
Wenn du mit unserer hochwertigen Wollqualität myboshi No. 3 (100 % Merinowolle) arbeiten möchtest, brauchst du aufgrund der kürzeren Lauflänge mehr Wolle. Verbrauch No. 3 (F1 90 g, F2 60 g)

STARTE JETZT MIT DEINEM PROJEKT:

Beginn unten. Mit F1 die Anfangsschlinge um den 1. Zapfen bilden.

TIPP

Bei dieser Boshi die Zapfen nicht zu fest umwickeln sondern locker loomen.

Farbe	Runde	Beschreibung	Maschen pro Runde
F1	1. Runde	Jeden Zapfen einmal umwickeln (beginnend mit dem 2. Zapfen), anschließend ein zweites Mal mit dem Faden umwickeln und abmaschen.	36
F1	18 Runden	Jeden Zapfen umwickeln und abmaschen.	36
		Aufgepasst! Jetzt den Bund bilden. Dazu die Schlingen der allerersten Runde wieder auf den Loomring ziehen. Wichtig dabei ist, dass sich das Gestrick immer im Ringinneren befindet. Nun die Maschen der 1. Runde über die benötigten Zapfen fädeln, sodass am Ende immer 2 Schlingen auf 1 Zapfen liegen. **Die Maschen noch nicht abmaschen!**	
F2	1 Runde	Die Anfangsschlinge von F2 auf den 1. Zapfen legen und **beide** Schlingen von F1 über die Schlinge von F2 und den Zapfen heben. Die 1. Masche der Runde ist entstanden und der Faden von F2 ist dadurch fixiert. Jetzt alle weiteren Schlingen der Runde mit F2 bilden. Am Ende liegen je 3 Schlingen auf den übrigen Zapfen. Wie beim 1. Zapfen nun bei allen weiteren Zapfen die beiden Schlingen von F1 über die Schlinge von F2 heben und abmaschen.	36
		Aufgepasst! Die letzte auf den Zapfen liegende Schlinge und die gebildete Masche besitzt die Farbe von F2.	
F1+F2	22 Runden	Jeden Zapfen einmal mit F1 umwickeln. Im Anschluss den 1. Zapfen mit F2 umwickeln und den Faden von F1 durch das Abmaschen der beiden unteren Schlingen des 1. Zapfens fixieren. Die übrigen Zapfen mit F2 umwickeln. Auf allen weiteren Zapfen liegen jetzt immer 3 Schlingen in der Reihenfolge von unten nach oben: F2, F1, F2. Die untersten beiden Schlingen zum Abmaschen über die oberste Schlinge F2 und den Zapfen heben.	36
		Aufgepasst! In allen Runden das Fixieren der Fäden des 1. Zapfens nicht vergessen und die genannte Reihenfolge der Farben einhalten.	
		Ende der Boshi: Den Faden von F1 und F2 nach ca. 40 cm abschneiden und die Maschen mit der myboshi Loomnadel auffädeln. Die Maschen zusammenziehen und den Faden durch die Mitte auf die Innenseite führen.	

FERTIGSTELLUNG:

Die Boshi umstülpen und alle Fäden gut vernähen. Fertig!

F1 158
meerblau

Skills

ELDA

Ein Stirnband mit großer Schleife, das Mädchenherzen höher schlagen lässt. Das Accessoire für Kinder ist genau das Richtige für den Frühling, wenn es draußen noch etwas frisch und kühl ist.

WICHTIGES AUF EINEN BLICK:

ZUBEHÖR:
myboshi Loomring,
myboshi Loomhaken,
myboshi Loomnadel,
Stick-/Vernähnadel

MATERIAL:
myboshi Wolle No. 1

VERBRAUCH:
No. 1 (F1 50 g)

MASCHENPROBE:
10 x 10 cm = 9 Zapfen x 7 Reihen mit doppeltem Faden

GRÖSSE:
Breite ca. 7 cm, Länge vor dem Zusammennähen ca. 42 cm

ARBEITSZEIT:
ca. 2,5 h

F1 139 himbeere

TECHNIKEN, DIE DU BRAUCHST:

Das Stirnband Elda wird mit einem Loomring in Reihen mit doppeltem Faden (= 2-fädig) geloomt. Die Schleife wird in Reihen mit einfachem Faden geloomt und am Ende auf das Stirnband genäht.

- Loomen – Der Anfang
- Loomen in Reihen
- Maschen bilden (abmaschen) in Runden & Reihen
- Die Randmasche beim Loomen in Reihen
- Elastisches Abketten der Maschen
- Normales Abketten der Maschen

TIPP
Wenn du mit unserer hochwertigen Wollqualität myboshi No. 3 (100 % Merinowolle) arbeiten möchtest, dann brauchst du aufgrund der kürzeren Lauflänge mehr Wolle. Verbrauch No. 3 (F1 75 g)

STARTE JETZT MIT DEINEM PROJEKT:

Stirnband
Das Stirnband in Reihen bis zum 7. Zapfen arbeiten.
Mit **doppeltem Faden** von F1 (= 2-fädig) die Anfangsschlinge um den 1. Zapfen bilden.

Farbe	Reihe	Beschreibung	Maschen pro Reihe
		Aufgepasst! Die Randmaschen nicht vergessen!	
F1	1. Reihe	Nach der Anfangsschlinge noch 6 Zapfen umwickeln, anschließend um die 7 verwendeten Zapfen noch 1 weitere Schlinge wickeln und abmaschen.	7
F1	31 Reihen oder 42 cm	Jeden benötigten Zapfen umwickeln und abmaschen.	7
		Ende des Stirnbands: Die letzte Reihe mit dem elastischen Abketten der Maschen mit 1 Luftmasche beenden. Den Faden nach ca. 25 cm abschneiden und später zum Zusammennähen des Stirnbands verwenden.	

Schleife
Die Schleife als Rechteck in Reihen bis zum 7. Zapfen arbeiten. Mit **einfachem Faden** von F1 die Anfangsschlinge um den 1. Zapfen bilden.

Farbe	Reihe	Beschreibung	Maschen pro Reihe
		Aufgepasst! Die Randmaschen nicht vergessen!	
F1	1. Reihe	Nach der Anfangsschlinge noch 6 Zapfen umwickeln, anschließend um die 7 verwendeten Zapfen noch 1 weitere Schlinge wickeln und abmaschen.	7
F1	21 Reihen oder 14 cm	Jeden benötigten Zapfen umwickeln und abmaschen.	7
		Ende der Schleife: Die letzte Reihe mit dem normalen Abketten der Maschen beenden. Damit die Schleifenform entsteht, die Mitte des Rechtecks etwas zusammendrücken und mit einem ca. 1 m langen Faden umwickeln.	

FERTIGSTELLUNG:

Die beiden schmalen Seiten des Stirnbands mit dem langen Endfaden aneinandernähen. Alle übrigen Fäden gut vernähen. Mit einem neuen Faden von F1 die Schleife auf der Naht des Stirnbands annähen. So ist die Naht gut versteckt. Fertig! **Tipp:** Wer möchte, kann die Spitzen der Schleife am Stirnband leicht fixieren, um so für einen besseren Halt der Schleife zu sorgen.

F1 156 eisblau
F2 158 meerblau
F3 165 pflaume

Skills

ESTEPONA

Die Boshi Estepona sorgt für mehr Abwechslung auf dem Kopf: Zwei peppige Farben im Wechsel, die von einem auffälligen Kontrastfaden begleitet werden, ergeben ein spannendes Gesamtbild. Ein kuscheliger Bommel bildet den Abschluss dieser tollen Mütze.

WICHTIGES AUF EINEN BLICK:

ZUBEHÖR:
myboshi Loomring,
myboshi Loomhaken,
myboshi Loomnadel,
Stick-/Vernähnadel

MATERIAL:
myboshi Wolle No. 1

VERBRAUCH:
No. 1 (F1 25 g, F2 25 g, F3 25 g)

MASCHENPROBE:
10 x 10 cm = 10 Zapfen x 16 Reihen

KOPFUMFANG:
Einheitsgröße S/M (47–56 cm)

ARBEITSZEIT:
ca. 3 h

F2 158 meerblau
F2 121 limettengrün
F3 162 magenta

F1 152 türkis
F2 193 silber
F3 195 anthrazit

TECHNIKEN, DIE DU BRAUCHST:

Die Boshi Estepona wird mit einem Loomring in Runden geloomt. Dabei wechseln die Farben F1 und F2 immer nach 2 Runden. Am Ende werden die Maschen auf die Loomnadel gefädelt, zusammengezogen und die Boshi mit einem Bommel und einem Faden von F3 verziert.

- Loomen – Der Anfang
- Die 1. Runde im Loomring
- Maschen bilden (abmaschen) in Runden & Reihen
- Der Farbwechsel beim Loomen
- Maschen auffädeln mit der Loomnadel

TIPP
Wenn du mit unserer hochwertigen Wollqualität myboshi No. 3 (100 % Merinowolle) arbeiten möchtest, brauchst du aufgrund der kürzeren Lauflänge mehr Wolle. Verbrauch No. 3 (F1 40 g, F2 40 g, F3 40 g)

STARTE JETZT MIT DEINEM PROJEKT:

Mit F1 die Anfangsschlinge um den 1. Zapfen bilden.

Farbe	Runde	Beschreibung	Maschen pro Runde
F1	1. Runde	Jeden Zapfen einmal umwickeln (beginnend mit dem 2. Zapfen), anschließend ein zweites Mal mit dem Faden umwickeln und abmaschen.	36
F1	1 Runde	Jeden Zapfen umwickeln und abmaschen.	36
		Aufgepasst! Beim Farbwechsel die Fäden nicht abschneiden, sondern hängen lassen, bis die Farbe wieder an der Reihe ist.	
F2+F1	40 Runden	Jeden Zapfen umwickeln und abmaschen, F2 + F1 wechseln sich immer nach 2 Runden ab.	36
		Ende der Mütze: Zuerst den Faden von F1 nach ca. 40 cm abschneiden und die Maschen mit der myboshi Loomnadel auffädeln. Die Maschen zusammenziehen und den Faden durch die Mitte auf die Innenseite führen.	

FERTIGSTELLUNG:

Die Boshi mit der Innenseite nach außen stülpen und alle Fäden gut vernähen. Die Boshi wieder auf die Außenseite umstülpen. Fertig!

Verzierung Nach Fertigstellung der Boshi kann sie zusätzlich verziert werden. Beginn in Runde 10:

Dafür einen ca. 40 cm langen Faden von F3 in die Loomnadel fädeln. Mit der Nadel von der Innenseite der Boshi nach außen auf die Vorderseite stechen. Den Faden bis zur 14. Runde nach oben führen und hier mit der Nadel wieder nach innen stechen. Den Vorgang bis zur 30. Runde wiederholen. Am Ende der 30. Runde muss dein Arbeitsfaden wieder im Inneren der Boshi liegen. 3 Rippen nach rechts oder links der letzten Einstichstelle frei lassen. Für den nächsten Effektstreifen mit der Nadel von innen in der 28. Runde nach außen stechen. Den Faden bis zur 24. Runde nach unten führen und hier wieder nach innen stechen. Den Vorgang bis zur 12. Runde wiederholen.

Aufgepasst! Der Arbeitsfaden liegt wieder im Inneren der Boshi.

Das Einstechen in verschiedene Runden ergibt ein versetztes Musterbild der Fäden. Jetzt wieder 3 Rippen frei lassen, bei der 10. Runde beginnen und deine Mütze bis zum Schluss verzieren.

TIPP

Wer möchte, kann aus F3 oder allen Farben einen Bommel mit einem Durchmesser von ca. 6 cm herstellen und oben an der Boshi befestigen.

F1 127 minze
F2 128 palme
F3 153 ozeanblau

F1 165 pflaume
F2 176 muskat
F3 167 orchidee

Skills

GIRONA

Nie mehr kalte Ohren lautet hier das Motto. Die bezaubernde Kinderboshi Girona, verziert mit einem kleinen Bommel und schicker Schleife, hält wunderbar warm und lässt nicht nur Kinderherzen höher schlagen.

WICHTIGES AUF EINEN BLICK:

ZUBEHÖR:
myboshi Loomring,
myboshi Loomhaken,
myboshi Loomnadel,
Stick-/Vernähnadel

MATERIAL:
myboshi Wolle No. 1

VERBRAUCH:
No. 1 (F1 30 g, F2 15 g mit Bommel, F3 15 g)

MASCHENPROBE:
10 x 10 cm = 10 Zapfen x 16 Reihen

KOPFUMFANG:
Einheitsgröße S/M (47–54 cm)

ARBEITSZEIT:
ca. 2 h

F1 123 smaragd
F2 153 ozeanblau
F3 158 meerblau

TECHNIKEN, DIE DU BRAUCHST:

Die Boshi Girona wird mit einem Loomring in Reihen geloomt und zusammengenäht. Verziert wird die Mütze mit einem Bommel und wer möchte, bringt noch eine kleine Schleife an.

- Loomen – Der Anfang
- Loomen in Reihen
- Maschen bilden (abmaschen) in Runden & Reihen
- Die Randmasche beim Loomen in Reihen
- Der Farbwechsel beim Loomen
- Maschen auffädeln mit der Loomnadel

TIPP
Wenn du mit unserer hochwertigen Wollqualität myboshi No. 3 (100 % Merinowolle) arbeiten möchtest, brauchst du aufgrund der kürzeren Lauflänge mehr Wolle. Verbrauch No. 3 (F1 45 g, F2 25 g mit Bommel, F3 25 g)

STARTE JETZT MIT DEINEM PROJEKT:

TIPP
Wer die Boshi kleiner machen möchte, lässt einfach weitere Zapfen weg.

Die Boshi wird in Reihen bis zum 35. Zapfen gearbeitet.
Mit F1 nach ca. 40 cm die Anfangsschlinge um den 1. Zapfen bilden.
Den langen Anfangsfaden zum Zusammennähen der Boshi verwenden.

Farbe	Reihe	Beschreibung	Maschen pro Reihe
F1	1. Reihe	**Aufgepasst!** Die Randmaschen nicht vergessen! Nach der Anfangsschlinge noch 34 Zapfen umwickeln, anschließend um die 35 verwendeten Zapfen noch 1 weitere Schlinge wickeln und abmaschen.	35
F1	17 Reihen	Jeden benötigten Zapfen umwickeln und abmaschen.	35
F2	3 Reihen	**Aufgepasst!** Erst nach ca. 25 cm mit der Anfangsschlinge von F2 beginnen und den Anfangsfaden zum Zusammennähen der Boshi verwenden. Jeden benötigten Zapfen umwickeln und abmaschen.	35
F3	11 Reihen	**Aufgepasst!** Erst nach ca. 15 cm mit der Anfangsschlinge von F3 beginnen und den Anfangsfaden zum Zusammennähen der Boshi verwenden. Jeden benötigten Zapfen umwickeln und abmaschen.	35
F2	2 Reihen	**Aufgepasst!** Erst nach ca. 25 cm mit der Anfangsschlinge von F2 beginnen und den Anfangsfaden zum Zusammennähen der Boshi verwenden. Jeden benötigten Zapfen umwickeln und abmaschen.	35
		Ende oben: Den Faden von F2 nach ca. 40 cm abschneiden und die Maschen mit der myboshi Loomnadel auffädeln. Die Maschen zusammenziehen, den Faden durch die Mitte auf die Innenseite führen und gut vernähen.	

Verzierungen

Bommel
Mit F2 einen Bommel mit ca. 4,5–5 cm Durchmesser herstellen.

Schleife
Den Faden von F2 ca. zehnmal um den Zeige-, Mittel- und Ringfinger wickeln, damit Schlaufen entstehen. Die Schlaufen von den Fingern nehmen und mit dem Faden die Mitte umwickeln, bis eine gut sitzende Schleife entstanden ist. Den Faden verknoten und nach ca. 20 cm abschneiden. Der lange Endfaden dient zum späteren Annähen an die Boshi.

FERTIGSTELLUNG:

Die Boshi, beginnend von oben nach unten, mit den einzelnen langen Anfangsfäden auf der linken Maschenseite zusammennähen. Dazu die Boshi mit der linken Seite nach außen drehen. Nach dem Vernähen wieder umstülpen. Den Bommel oben und die Schleife an der gewünschten Position befestigen. Alle übrigen Fäden gut vernähen. Fertig!

Aus der übrigen Wolle der Boshi kannst du noch den Schal Mataro loomen. Die Anleitung dazu findest du auf www.myboshi.net.

F1 176 muskat
F2 168 feige
F3 171 beige

GRANADA

Rundherum kuschelig: Der Granada Rundschal mit abgesetzten Streifen ist ein schicker Loom-Loop, der dafür sorgt, dass ihr während der kühleren Jahreszeiten immer bestens gegen Wind und Wetter geschützt seid.

WICHTIGES AUF EINEN BLICK:

ZUBEHÖR:
myboshi Loomring,
myboshi Loomhaken,
myboshi Loomnadel,
Stick-/Vernähnadel

MATERIAL:
myboshi Wolle No. 1

VERBRAUCH:
No. 1 (F1 35 g, F2 35 g, F3 35 g)

MASCHENPROBE:
10 x 10 cm = 8 Zapfen x 9 Reihen

GRÖSSE:
Breite ca. 22 cm, Länge ca. 180 cm

ARBEITSZEIT:
ca. 5 h

F1 158 meerblau
F2 126 jade
F3 123 smaragd

F1 131 orange
F2 156 eisblau
F3 161 candy purpur

TECHNIKEN, DIE DU BRAUCHST:

Der Rundschal Granada wird mit einem Loomring in Reihen geloomt. Dabei wird immer ein Zapfen ausgelassen. Am Ende werden die beiden kurzen Kanten miteinander verbunden und zu einem Rundschal zusammengeloomt.

- Loomen – Der Anfang
- Loomen in Reihen
- Maschen bilden (abmaschen) in Runden & Reihen
- Die Randmasche beim Loomen in Reihen
- Der Farbwechsel beim Loomen
- Elastisches Abketten der Maschen

TIPP
Wenn du mit unserer hochwertigen Wollqualität myboshi No. 3 (100 % Merinowolle) arbeiten möchtest, brauchst du aufgrund der kürzeren Lauflänge mehr Wolle. Verbrauch No. 3 (F1 50 g, F2 50 g, F3 50 g)

STARTE JETZT MIT DEINEM PROJEKT:

Den Schal in Reihen bis zum 31. Zapfen arbeiten.
Mit F1 die Anfangsschlinge um den 1. Zapfen bilden.

Aufgepasst! Der Rundschal wird in Reihen geloomt. Dabei wird nur jeder zweite Zapfen (3., 5., 7., ..., 31.) umwickelt, die anderen Zapfen (2., 4., 6., 8., 10., ..., 30.) werden ausgelassen. Der Faden liegt hier hinter den Zapfen im Ringinneren!

Farbe	Reihe	Beschreibung	Maschen pro Reihe
		Aufgepasst! Die Randmaschen nicht vergessen!	
F1	1. Reihe	Nach der Anfangsschlinge noch 15 Zapfen umwickeln, anschließend um die 16 verwendeten Zapfen noch 1 weitere Schlinge wickeln und abmaschen.	16
F1	41 Reihen	Jeden benötigten Zapfen umwickeln und abmaschen.	16
		Aufgepasst! Loomst du mit unserer **myboshi No.3**, kannst du von jeder Farbe das **ganze** Knäuel verarbeiten. Die Reihenzahl liegt dann bei ca. **40 Reihen**.	
F2	42 Reihen	Jeden benötigten Zapfen umwickeln und abmaschen.	16
F3	42 Reihen		
		Ende des Rundschals: Die 1. Reihe des Geloomten nach innen durch den Ring ziehen. Man beginnt mit der Randmasche der 1. Reihe und legt diese über den 1. Zapfen (ebenfalls Randmasche). Anschließend alle weiteren Maschen über die Zapfen legen. Am Ende befinden sich immer 2 Schlingen auf einem Zapfen.	
		Dabei beachten, dass die beiden linken Maschenseiten aufeinanderliegen und die rechte (schöne) Seite nach außen zeigt. Die Schlingen wie gewohnt abmaschen, dabei die untere über die obere Schlinge heben. Jetzt die Maschen mit 2 Luftmaschen elastisch abketten.	

FERTIGSTELLUNG:

Alle Fäden gut vernähen. Fertig!

F1 195 anthrazit
F2 193 silber

Skills

LUGO

Sieht aus wie gestrickt, ist aber geloomt – die ausgefallene Handyhülle Lugo. Mit ihr ziehst du alle Blicke auf dich. Die Hülle schützt nicht nur dein Handy, sondern sieht auch noch richtig gut aus.

WICHTIGES AUF EINEN BLICK:

ZUBEHÖR:

myboshi Loomring,
myboshi Loomhaken,
myboshi Loomnadel,
Stick-/Vernähnadel

MATERIAL:

myboshi Wolle No. 1

VERBRAUCH:

No. 1 (F1 20 g, F2 5 g)

MASCHENPROBE:

10 x 10 cm = 10 Zapfen x 16 Reihen

GRÖSSE:

Breite ca. 8,5 cm, Höhe ca. 14 cm

ARBEITSZEIT:

ca. 2 h

F1 168 feige
F2 120 eisbonbon

TECHNIKEN, DIE DU BRAUCHST:

Die Handyhülle Lugo wird mit einem Loomring in Reihen geloomt. Eine Quaste ziert den Verschluss der Hülle.

- Loomen – Der Anfang
- Loomen in Reihen
- Maschen bilden (abmaschen) in Runden & Reihen
- Linke Maschen
- Die Randmasche beim Loomen in Reihen
- Normales Abketten der Maschen

TIPP

Wenn du mit unserer hochwertigen Wollqualität myboshi No. 3 (100 % Merinowolle) arbeiten möchtest, brauchst du aufgrund der kürzeren Lauflänge mehr Wolle. Verbrauch No. 3 (F1 30 g, F2 10 g)

STARTE JETZT MIT DEINEM PROJEKT:

Die Handyhülle in Reihen bis zum 10. Zapfen arbeiten.
Mit F1 die Anfangsschlinge um den 1. Zapfen bilden.

Farbe	Reihe	Beschreibung	Maschen pro Reihe
		Aufgepasst! Die Randmaschen nicht vergessen!	
F1	1. Reihe	Nach der Anfangsschlinge noch 9 Zapfen umwickeln, anschließend vor die 10 verwendeten Zapfen den Faden für das Bilden der linken Maschen legen und abmaschen.	10
F1	44 Reihen	Um jeden benötigten Zapfen 1 linke Masche bilden.	10
		Aufgepasst! Jetzt arbeitest du die Spitze deiner Handyhülle.	
F1	9 Reihen	Immer die 1. Masche einer Reihe normal abketten, anschließend um jeden benötigten Zapfen 1 linke Masche bilden.	9 – 1
F1	letzte Reihe	Um den letzten Zapfen 1 linke Masche bilden.	1
		Ende am Verschluss der Handyhülle: Den Faden nach ca. 15 cm abschneiden und durch die letzte Masche ziehen.	

Verzierung

Quaste

Nun 5 Fäden von F2 mit einer Länge von ca. 10 cm abschneiden, mit einem ca. 15 cm langen Faden in der Mitte halbieren. Diesen Faden zum Anknoten am Verschluss verwenden. Mit einem weiteren Faden die Fäden zu einer Quaste zusammenbinden. Beide Fäden nicht abschneiden, sondern durch die Quaste nach unten laufen lassen.

TIPP

Du kannst zum Herstellen der Quaste den Faden um ein Stück Karton (Länge ca. 5 cm) wickeln, an der Unterseite aufschneiden, den Karton herausnehmen und mit dem neuen Faden oben zusammenbinden.

FERTIGSTELLUNG:

Das Geloomte so vor sich hinlegen, dass der Verschluss nach links und die Innenseite nach oben zeigen. Die ersten 22 Reihen der rechten Seite nach links umklappen. Die langen offenen Seiten oben und unten bis zum Verschluss mit dem **Diagonalstich** (Erklärung und Fotos findest du auf der nächsten Seite) zusammennähen. Dazu einen ca. 1,5 m langen Faden von F2 doppelt nehmen und ca. 10 Stiche verwenden. Zuletzt die Quaste an der Spitze des Verschlusses anbringen. Fertig!

DER DIAGONALSTICH

1

Die Nadel mit doppeltem Faden von hinten nach vorne diagonal über die beiden Lagen legen.

2

Leicht versetzt mit der Nadel von vorne nach hinten durch die beiden Lagen stechen.

3

Die Fäden durchziehen.

4

Erneut die Fäden von hinten nach vorne diagonal über beide Lagen legen.

5

Leicht versetzt mit der Nadel von vorne nach hinten durch beide Lagen stechen und durchziehen.

6

Den Vorgang beliebig wiederholen.

F1 175
schlamm

F2 112
senf

Skills

OVIEDO

Oviedo ist ein trendiger Rucksack, der im Alltag jede Menge mitmacht und viel Raum bietet. Egal, ob beim Einkaufsbummel, der Ausflugstour oder auf dem Weg ins Büro: Zwei kräftige Tragegurte sorgen für ein angenehmes Tragegefühl und Stabilität bei allen Einsätzen.

WICHTIGES AUF EINEN BLICK:

ZUBEHÖR:
myboshi Loomring,
myboshi Loomhaken,
myboshi Loomnadel,
Stick-/Vernähnadel

MATERIAL:
myboshi Wolle No. 1

VERBRAUCH:
No. 1 (F1 350 g, F2 50 g)

MASCHENPROBE:
10 x 10 cm = 9 Zapfen x 7 Reihen mit doppeltem Faden

GRÖSSE:
Breite ca. 32 cm, Höhe ca. 44 cm

ARBEITSZEIT:
ca. 7 h

F1 134 chillirot
F2 142 rose
F1 127 minze
F2 192 elfenbein

TECHNIKEN, DIE DU BRAUCHST:

Der Rucksack besteht aus Vorder- und Rückseite und wird mit einem Loomring in Reihen geloomt. Der Tunnelzug (Loombund) entsteht mit einfachem Faden, der Hauptteil mit doppeltem Faden (= 2-fädig). Beide Teile des Rucksacks werden am Ende zusammengenäht. Kordeln dienen als Tragegurte.

- Loomen – Der Anfang
- Loomen in Reihen
- Maschen bilden (abmaschen) in Runden & Reihen
- Die Randmasche beim Loomen in Reihen
- Der Loombund
- Normales Abketten der Maschen

TIPP
Wenn du mit unserer hochwertigen Wollqualität myboshi No. 3 (100 % Merinowolle) arbeiten möchtest, dann brauchst du aufgrund der kürzeren Lauflänge mehr Wolle. Verbrauch No. 3 (F1 525 g, F2 75 g)

STARTE JETZT MIT DEINEM PROJEKT:

Die Vorder- und Rückseite des Rucksacks jeweils in Reihen bis zum 31. Zapfen arbeiten.
Mit F1 und **einfachem Faden** die Anfangsschlinge um den 1. Zapfen bilden.

Farbe	Reihe	Beschreibung	Maschen pro Reihe
F1	1. Reihe	**Aufgepasst!** Die Randmaschen nicht vergessen! Nach der Anfangsschlinge noch 30 Zapfen mit **einfachem Faden** umwickeln, anschließend um die 31 verwendeten Zapfen noch 1 weitere Schlinge wickeln und abmaschen.	31
F1	7 Reihen	Jeden benötigten Zapfen mit **einfachem Faden** umwickeln und abmaschen.	31
F1	62 Reihen	**Aufgepasst!** Jetzt den Loombund für den Tunnelzug bilden. Ab der nächsten Reihe: Jetzt den 2. Faden von F1 dazunehmen und mit **doppeltem Faden** weiterarbeiten. Jeden benötigten Zapfen mit **doppelten Faden** umwickeln und abmaschen.	31
		Ende der Vorderseite: Alle Maschen normal abketten und die Fäden nach ca. 15 cm abschneiden. Anschließend auf die gleiche Art und Weise **1 Rückseite** loomen.	

Verzierung

Kordel
Sechs ca. 4 m lange Fäden von F2 abschneiden und zu einer Kordel drehen. Das Ganze für eine zweite Kordel wiederholen.

FERTIGSTELLUNG:

Alle Fäden mit der Vernähnadel gut vernähen. Die Vorder- und Rückseite des Rucksacks rechts auf rechts (schöne Maschenseite liegt innen) zusammenlegen, sodass beide Tunnelzüge aufeinanderliegen und mit einem ca. 40 cm langen Faden von F1 entlang der Seiten und unten zusammennähen. Den entstandenen Rucksack wieder auf die richtige Seite stülpen, die Kordeln durch den Tunnelzug fädeln und am Boden links und rechts befestigen. Fertig!

F1 195 anthrazit

F2 192 elfenbein

Skills

RUBI

Mit unserer Kuschelkatze Rubi hat jedes Kind seinen Spaß. Die Katze ist groß genug, um mit ihr zu spielen, mit ihr zu kuscheln und sie zu knuddeln.

WICHTIGES AUF EINEN BLICK:

ZUBEHÖR:
myboshi Loomring,
myboshi Loomhaken,
myboshi Loomnadel,
Stick-/Vernähnadel

MATERIAL:
myboshi Wolle No. 1,
Wollreste in Schwarz und Weiß für
Schnauze und Augen,
Füllwatte

VERBRAUCH:
No. 1 (F1 150 g, F2 50 g)

MASCHENPROBE:
10 x 10 cm = 9 Zapfen x 7 Reihen
mit doppeltem Faden

GRÖSSE:
Höhe ca. 35 cm, Durchmesser
ca. 15 cm

ARBEITSZEIT:
ca. 5 h

F1 172 ocker
F2 171 beige

Brauchst du noch einen
Spielgefährten für deine
Katze, dann findest du die
Anleitung zu unserer Maus
Vigo auf www.myboshi.net

TECHNIKEN, DIE DU BRAUCHST:

Die Katze Rubi besteht aus dem Körper mit Kopf, den beiden Ohren und dem
Schwanz. Alle Teile werden mit einem Loomring geloomt. Der Körper wird
in Runden, die Ohren und der Schwanz in Reihen geloomt. Am Ende werden
alle Teile am Körper befestigt.

- Loomen – Der Anfang
- Die 1. Runde im Loomring
- Maschen bilden (abmaschen) in Runden & Reihen
- Der Farbwechsel beim Loomen
- Loomen in Reihen
- Die Randmasche beim Loomen in Reihen
- Elastisches Abketten der Maschen
- Maschen auffädeln mit der Loomnadel

TIPP
Wenn du mit unserer hochwertigen Wollqualität myboshi No. 3
(100 % Merinowolle) arbeiten
möchtest, brauchst du aufgrund
der kürzeren Lauflänge mehr
Wolle. Verbrauch No. 3
(F1 225 g, F2 75 g)

STARTE JETZT MIT DEINEM PROJEKT:

Körper mit Kopf. Beginn unten am Körper.
Mit **doppeltem Faden** von F1 (= 2-fädig) die Anfangsschlinge nach ca. 40 cm um den 1. Zapfen bilden.
Den langen Anfangsfaden am Ende zum Verschließen des Körpers verwenden.

Farbe	Runde	Beschreibung	Maschen pro Runde
F1	1. Runde	Jeden Zapfen einmal umwickeln (beginnend mit dem 2. Zapfen), anschließend ein zweites Mal umwickeln und abmaschen.	36
F1	11 Runden	Jeden Zapfen umwickeln und abmaschen.	36
F2 + F1	18 Runden	Jeden Zapfen umwickeln und abmaschen, F2 + F1 wechseln sich immer nach 2 Runden ab.	36
F1	3 Runden	Jeden Zapfen umwickeln und abmaschen.	36
F2	2 Runden	Jeden Zapfen umwickeln und abmaschen.	36
F1	18 Runden	Jeden Zapfen umwickeln und abmaschen.	36
		Ende oben am Kopf: Den Faden von F1 nach ca. 50 cm abschneiden und die Maschen mit der myboshi Loomnadel auffädeln, zusammenziehen, den Endfaden durch die Mitte führen und gut vernähen. Den Körper der Katze mit der linken Maschenseite nach außen drehen, alle Fäden mit Ausnahme des Anfangsfadens gut vernähen und den Körper wieder nach außen stülpen. Diesen jetzt mit ausreichend Watte füllen. Mit dem Anfangsfaden die Maschen der 1. Runde auffädeln, zusammenziehen und gut vernähen.	

Ohr
Die Ohren der Katze in Reihen bis zum 8. Zapfen arbeiten.

Mit **doppeltem Faden** von F1 (= 2-fädig) nach ca. 25 cm die Anfangsschlinge um den 1. Zapfen bilden. Den langen Anfangsfaden zum Annähen der Ohren verwenden. Beginn mit der Anleitung der Ohren auf der nächsten Seite.

TIPP

Die Grafik in Originalgröße hilft dir beim Loomen. Du kannst hier überprüfen, ob die Größe deines geloomten Ohrs passt! Einfach drauflegen und ausprobieren!

Farbe	Reihe	Beschreibung	Maschen pro Reihe
		Aufgepasst! Die Randmaschen nicht vergessen!	
F1	1. Reihe	Nach der Anfangsschlinge noch 7 Zapfen umwickeln, anschließend um die 8 verwendeten Zapfen noch 1 weitere Schlinge wickeln und abmaschen.	8
F1	1 Reihe	Jeden benötigten Zapfen umwickeln und abmaschen.	8
F1	1 Reihe	Die 1. Masche elastisch mit 1 Luftmasche abketten. Jetzt die restlichen 7 Zapfen umwickeln und abmaschen.	7
F1	1 Reihe	Die 1. Masche elastisch mit 1 Luftmasche abketten. Jetzt die restlichen 6 Zapfen umwickeln und abmaschen.	6
F1	2 Reihen	Jeden benötigten Zapfen umwickeln und abmaschen.	6
F1	1 Reihe	Die 1. Masche elastisch mit 1 Luftmasche abketten. Jetzt die restlichen 5 Zapfen umwickeln und abmaschen.	5
F1	1 Reihe	Die 1. Masche elastisch mit 1 Luftmasche abketten. Jetzt die restlichen 4 Zapfen umwickeln und abmaschen.	4
F1	2 Reihen	Jeden benötigten Zapfen umwickeln und abmaschen.	4
		Ende an der Ohrspitze: Den Faden von F1 nach ca. 20 cm abschneiden und die letzten 4 Schlingen mit der myboshi Loomnadel auffädeln. Die Maschen zusammenziehen und den Faden gut vernähen. Anschließend noch ein weiteres Ohr loomen.	

Schwanz

Den Schwanz der Katze in Reihen bis zum 22. Zapfen arbeiten.
Mit **einfachem Faden** von F1 oder F2 nach ca. 20 cm die Anfangsschlinge um den 1. Zapfen bilden. Den langen Anfangsfaden zum Annähen an den Körper verwenden.

Farbe	Reihe	Beschreibung	Maschen pro Reihe
		Aufgepasst! Die Randmaschen nicht vergessen!	
F1	1. Reihe	Nach der Anfangsschlinge noch 21 Zapfen umwickeln, anschließend um die 22 verwendeten Zapfen noch 1 weitere Schlinge wickeln und abmaschen.	22
F1	9 Reihen	Jeden benötigten Zapfen umwickeln und abmaschen.	22
		Ende des Schwanzes: Die letzte Reihe mit dem elastischen Abketten der Maschen mit 3 Luftmaschen beenden. Den Faden nach ca. 20 cm abschneiden und gut vernähen.	

Schwanzspitze

Für die Schwanzspitze mit F2 oder F1 einen Bommel mit ca. 4,5–5 cm Durchmesser herstellen und am Schwanz befestigen. Die Fäden des Bommels vernähen. **Tipp:** Du kannst statt dem Bommel auch Fransen anknüpfen!

Schnauze

Die Schnauze besteht aus 5 Luftmaschen. Dazu mit einem schwarzen Wollrest die Anfangsschlinge auf dem 1. Zapfen bilden. Jetzt diesen Zapfen umwickeln und abmaschen. Noch dreimal auf dem gleichen Zapfen wiederholen, den Faden nach ca. 15 cm abschneiden und mit der Nadel durch die Schlinge ziehen. Anfangs- und Endfaden der Schnauze mit einem Knoten zusammenbinden (eine Art „Knubbel" ist entstanden). Diesen mit den beiden Fäden am Kopf festnähen. **Tipp:** Du kannst die beiden Fäden auch schon als Schnurrhaare verwenden.

Hier siehst du die 5 Luftmaschen.

Mit Anfangs- und Endfaden einen Knoten bilden …

… und die Schnauze am Kopf befestigen. Zunächst den Anfangsfaden vernähen.

Anschließend die Schnauze mit dem Endfaden am Körper der Katze fixieren.

FERTIGSTELLUNG:

Den Schwanz mit dem langen Anfangsfaden unten an den Körper nähen. Die beiden Ohren rechts und links am Kopf annähen. Mit F2 im oberen Drittel des Katzenkörpers 2 Augen und danach die Pupillen mit der gewünschten Farbe aufsticken (**Tipp:** Du kannst auch mit Filzstift 2 kleine schwarze Punkte aufmalen.). An der Schnauze 3 Schnurrhaare aus schwarzen Wollresten befestigen. Fertig!

TIPP

Die Schnurrhaare am besten mit einem **Rückstich** (siehe Seite 14) an der Schnauze fixieren.

F1 134
chillirot

Skills

TORRENT

Sie besticht durch ihr außergewöhnliches Maschenbild – unsere Beanie Torrent. Das spiralförmige Muster schmiegt sich lässig um deinen Kopf und hält dich wunderbar warm. Farblich sind dir hier keine Grenzen gesetzt.

WICHTIGES AUF EINEN BLICK:

ZUBEHÖR:
myboshi Loomring,
myboshi Loomhaken,
myboshi Loomnadel,
Stick-/Vernähnadel

MATERIAL:
myboshi Wolle No. 1

VERBRAUCH:
No. 1 (F1 100 g)

MASCHENPROBE:
10 x 10 cm = 10 Zapfen x 16 Reihen

KOPFUMFANG:
Einheitsgröße S/M (47–56 cm)

ARBEITSZEIT:
ca. 4,5 h

F1 123 smaragd

TECHNIKEN, DIE DU BRAUCHST:

Die Beanie Torrent wird mit einem Loomring in Runden geloomt. Das spiralförmige und netzartige Muster wird mit dem Perlmuster geloomt. Ein Loombund wird als Bündchen verwendet.

- Loomen – Der Anfang
- Die 1. Runde im Loomring
- Maschen bilden (abmaschen) in Runden & Reihen
- Perlmuster
- Der Loombund
- Maschen auffädeln mit der Loomnadel

TIPP
Wenn du mit unserer hochwertigen Wollqualität myboshi No. 3 (100 % Merinowolle) arbeiten möchtest, brauchst du aufgrund der kürzeren Lauflänge mehr Wolle. Verbrauch No. 3 (F1 150 g)

STARTE JETZT MIT DEINEM PROJEKT:

TIPP
Bei dieser Boshi die Zapfen nicht zu fest umwickeln sondern locker loomen.

Beginn unten.
Mit F1 die Anfangsschlinge um den 1. Zapfen bilden.

Farbe	Runde	Beschreibung	Maschen pro Runde
F1	1. Runde	Jeden Zapfen einmal umwickeln (beginnend mit dem 2. Zapfen), anschließend ein zweites Mal mit dem Faden umwickeln und abmaschen.	36
F1	18 Runden	Jeden Zapfen umwickeln und abmaschen.	36
		Aufgepasst! Jetzt den Loombund bilden und anschließend das Perlmuster sehr locker loomen. Es entsteht ein spiralförmiges Maschenbild.	
F1	1 Runde	Perlmuster loomen.	36
		Aufgepasst! Da das Rundenzählen in der Schnecke nicht so einfach ist und man schnell durcheinanderkommt, geben wir bei diesem Muster keine genaue Rundenanzahl an. Die fertige Längenangabe der Beanie (ohne den Loombund) erfolgt hier in cm.	
F1	ca. 22 cm	Perlmuster loomen.	36
		Ende der Boshi: Den Faden von F1 nach ca. 40 cm abschneiden und die Maschen mit der myboshi Loomnadel auffädeln. Die Maschen zusammenziehen und den Faden durch die Mitte auf die Innenseite führen.	

FERTIGSTELLUNG:

Die Boshi umstülpen und alle Fäden gut vernähen. Jetzt die Boshi wieder auf die richtige Seite stülpen. Fertig!

F1 139 himbeere
F2 138 magnolie
F3 162 magenta

Skills

ZAMORA

Unsere praktische Tablet-Hülle mit einer ausgefallenen Musterung zieht alle Blicke auf sich. Ob in der Schule, in der Uni oder im Büro, mit diesem schicken Accessoire bist du ein absoluter Trendsetter.

WICHTIGES AUF EINEN BLICK:

ZUBEHÖR:

myboshi Loomring,
myboshi Loomhaken,
myboshi Loomnadel,
Stick-/Vernähnadel

MATERIAL:

myboshi Wolle No. 1

VERBRAUCH:

No. 1 (F1 50 g, F2 50 g, F3 50 g)

MASCHENPROBE:

10 x 10 cm = 9 Zapfen x 7 Reihen mit doppeltem Faden

GRÖSSE:

Breite ca. 18 cm, Höhe ca. 26 cm

ARBEITSZEIT:

ca. 2 h

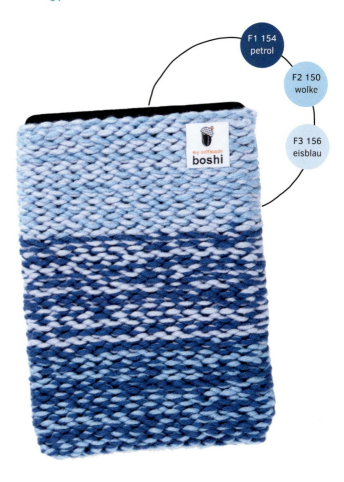

F1 154 petrol
F2 150 wolke
F3 156 eisblau

TECHNIKEN, DIE DU BRAUCHST:

Die Tablet-Hülle Zamora wird mit einem Loomring in Reihen geloomt. Um die Stabilität der Hülle zu erhöhen, wird mit doppeltem Faden (= 2-fädig) gearbeitet. Am Ende wird der breite Streifen an der Seite und am Boden zusammengenäht, sodass die Außenseite von linken Maschen geziert wird.

- Loomen – Der Anfang
- Loomen in Reihen
- Maschen bilden (abmaschen) in Runden & Reihen
- Die Randmasche beim Loomen in Reihen
- Der Farbwechsel beim Loomen
- Normales Abketten der Maschen

TIPP

Wenn du mit unserer hochwertigen Wollqualität myboshi No. 3 (100 % Merinowolle) arbeiten möchtest, brauchst du aufgrund der kürzeren auflänge mehr Wolle. Verbrauch No. 3 (F1 75 g, F2 75 g, F3 75 g)

STARTE JETZT MIT DEINEM PROJEKT:

Die Hülle in Reihen bis zum 31. Zapfen arbeiten.
Mit jeweils einem Faden von F1 + F2 (= 2-fädig) die Anfangsschlinge um den 1. Zapfen bilden.

Farbe	Reihe	Beschreibung	Maschen pro Reihe
F1 + F2	1. Reihe	**Aufgepasst!** Die Randmaschen nicht vergessen! Nach der Anfangsschlinge noch 30 Zapfen umwickeln, anschließend um die 31 verwendeten Zapfen noch 1 weitere Schlinge wickeln und abmaschen.	31
F1 + F2	11 Reihen	Jeden benötigten Zapfen umwickeln und abmaschen.	31
F1 + F3	14 Reihen	**Aufgepasst!** Nach der Randmasche der letzten Reihe den Faden von F2 nach ca. 15 cm abschneiden und den Faden von F3 zum Faden von F1 hinzunehmen. Jeden benötigten Zapfen umwickeln und abmaschen.	31
F2 + F3	14 Reihen	**Aufgepasst!** Nach der Randmasche der letzten Reihe, den Faden von F1 nach ca. 15 cm abschneiden und den Faden von F2 zum Faden von F3 hinzunehmen. Jeden benötigten Zapfen umwickeln und abmaschen. **Ende der Tablet-Hülle:** Alle Maschen normal abketten.	31

FERTIGSTELLUNG:

Nun das Geloomte links auf links legen (der Anfang/die 1. Reihe des Geloomten ist oben und das Ende liegt unten). Einen ca. 50 cm langen Faden von einer der 3 Farben durch die Loomnadel fädeln und die offene lange Seite sowie den Boden zusammennähen. Alle restlichen Fäden gut vernähen und die Tablet-Hülle wieder umstülpen. Linke Maschen sind zu sehen. Fertig!

IMPRESSUM

Bibliografische Information der Deutschen Bibliothek.

Die Deutsche Bibliothek verzeichnet diese Publikation in der deutschen Nationalbibliografie. Detaillierte bibliografische Daten sind im Internet über http://www.d-nb.de/ abrufbar.

Alle in diesem Buch veröffentlichten Abbildungen sind urheberrechtlich geschützt und dürfen nur mit ausdrücklicher schriftlicher Genehmigung des Verlags gewerblich genutzt werden. Eine Vervielfältigung oder Verbreitung der Inhalte des Buchs ist untersagt und wird zivil- und strafrechtlich verfolgt. Das gilt insbesondere für Vervielfältigungen, Übersetzungen, Mikroverfilmungen und die Einspeicherung und Verarbeitung in elektronischen Systemen.

Die Projekte aus diesem Buch sind nur für den persönlichen Gebrauch bestimmt oder als Spende an gemeinnützige Organisationen und Einrichtungen sowie als Ausstellungsstücke mit dem Vermerk auf den Urheber:

Design: © 2016 Edition Michael Fischer aus dem Buch „Quick-Strick – Loomen mit myboshi".

Für die kommerzielle Verwendung der Vorlagen und fertiggestellten Projekte muss die Erlaubnis des Verlags vorliegen.

Die im Buch veröffentlichten Aussagen und Ratschläge wurden von Verfasser und Verlag sorgfältig erarbeitet und geprüft. Eine Garantie für das Gelingen kann jedoch nicht übernommen werden, ebenso ist die Haftung des Verfassers bzw. des Verlags und seiner Beauftragten für Personen-, Sach- und Vermögensschäden ausgeschlossen.

Bei der Verwendung im Unterricht ist auf dieses Buch hinzuweisen.

EIN BUCH DER EDITION MICHAEL FISCHER

1. Auflage 2016

© 2016 Edition Michael Fischer GmbH, Igling

Covergestaltung und Layout: Leeloo Molnár
Bilder: Corinna Brix, München (Modellfotos); myboshi GmbH (Schrittfotos)
Produktmanagement und Lektorat: Anna Zwicklbauer
Designs und Anleitungen: myboshi GmbH

ISBN 978-3-86355-533-7

Printed in Slovakia

www.emf-verlag.de